BEI GRIN MACHT SICH IHR
WISSEN BEZAHLT

AF131528

- Wir veröffentlichen Ihre Hausarbeit,
  Bachelor- und Masterarbeit

- Ihr eigenes eBook und Buch -
  weltweit in allen wichtigen Shops

- Verdienen Sie an jedem Verkauf

Jetzt bei www.GRIN.com hochladen
und kostenlos publizieren

Saskia Bruning

Psychische Krankheiten im Wandel der Zeit

Einflussfaktoren der Gesellschaft und ihre Folgen auf die Psyche

GRIN Verlag

Bibliografische Information der Deutschen Nationalbibliothek:

Die Deutsche Bibliothek verzeichnet diese Publikation in der Deutschen National-
bibliografie; detaillierte bibliografische Daten sind im Internet über http://dnb.d-
nb.de/ abrufbar.

Impressum:

Copyright © 2012 GRIN Verlag GmbH
Druck und Bindung: Books on Demand GmbH, Norderstedt Germany
ISBN: 978-3-656-54158-5

Dieses Buch bei GRIN:

http://www.grin.com/de/e-book/264562/psychische-krankheiten-im-wandel-der-
zeit

GRIN - Your knowledge has value

Der GRIN Verlag publiziert seit 1998 wissenschaftliche Arbeiten von Studenten, Hochschullehrern und anderen Akademikern als eBook und gedrucktes Buch. Die Verlagswebsite www.grin.com ist die ideale Plattform zur Veröffentlichung von Hausarbeiten, Abschlussarbeiten, wissenschaftlichen Aufsätzen, Dissertationen und Fachbüchern.

Besuchen Sie uns im Internet:

http://www.grin.com/

http://www.facebook.com/grincom

http://www.twitter.com/grin_com

Inhalt

1. Einleitung

In der heutigen Zeit leben wir in einer Gesellschaft, die uns jeglichen Komfort bietet. Gerade Deutschland ist dafür bekannt, dass es eine gute Marktwirtschaft sowie ein weltweit anerkanntes Gesundheits- und Bildungssystem hat. Finanziell gesehen sind Arbeitslosigkeit oder andere Faktoren keine wirkliche Bedrohung für unser Überleben, da unser Staat so gebaut ist, dass jeder vom System aufgefangen wird. Auch im Bereich des technischen Fortschritts sind wir bereits weit entwickelt. Ein Großteil der schweren Arbeit wird uns von Maschinen und anderen technischen Entwicklungen abgenommen, sodass wir auch im gesundheitlichen Bereich nichts zu befürchten hätten. Schließlich gibt es klare Strukturen und Gesetze, die dafür sorgen, dass niemand, wie beispielsweise heute noch in den chinesischen Foxconn-Betrieben, mehr als 12 Stunden am Tag arbeiten muss, um zu überleben[1]. Und auch sonst gewinnen wir immer mehr Zeit durch die Technik, fast nirgends muss man noch zu Fuß hingehen, wichtige Termine können auch per Handy im Gehen besprochen werden und Essen kann man an jeder Straßenecke schnell auf die Hand mitnehmen. Also müsste der Mensch von Heute doch massig Zeit haben und gesundheitlich auf einem Hochpunkt sein, oder nicht?!

Trotzdem hört man von bedrohlichen Anstiegen im Bereich der Krankheitsfälle, vor allem im Bereich der psychischen Erkrankungen wie Depressionen, Burnout, Suchterkrankungen und dem Ende im Suizid. Auch wenn am Arbeitsplatz immer weniger körperlich schwere Arbeiten geleistet werden müssen, nehmen doch immer mehr Arbeitnehmer Auszeiten aus ihrem Beruf und gehen öfter in Rente als noch vor einem Jahrzehnt. Auch privat fühlen sich immer mehr dem Druck nicht gewachsen, Familie und Arbeit zugleich gerecht zu werden, zumal sie auch im privaten Bereich belastende Stressoren strapazieren, und leiden unter Süchten und Depressionen.

Dieses Thema wird auch in den Medien immer öfter angesprochen, in Form von Reportagen und anderem. Auch die Einzelperson kommt immer mehr mit diesem Thema in Berührung, wie auch ich. Denn wie Statistiken beweisen, leidet ca. jeder 5. - momentan an einer Depression[2]. Somit kommt fast jeder einmal mit diesem Bereich in Kontakt, selbst psychische Probleme zu haben, oder wie in meinem Fall, Angehörige mit beispielsweise Depressionen zu kennen. Auch der aktuelle Stressreport 2012, der

---

[1] Vgl.: http://www.stern.de/panorama/apple-zulieferer-foxconn-will-arbeitsbedingungen-in-china-verbessern-1882750.html
[2] Vgl.: Bundesministerium für Bildung und Forschung

sich mit den psychischen Anforderungen am Arbeitsplatz befasst, meldet einen gefährlichen Anstieg im Bereich der Krankheitsfälle durch psychische Störungen.

Doch welche Faktoren sind so entscheidend, welche Bereiche in unserem Leben sind so verändert, dass trotz Zeitgewinn und Fortschritt die Gesundheit anscheinend in psychischer Hinsicht immer mehr gefährdet ist? Und welche Folgen haben diese Veränderungen auf unser Seelenleben?

Um diese Fragen zu beantworten, habe ich mich genauer mit dem heutigen Stand der psychischen Störungen beschäftigt und mit dem, was sich in den letzten Jahren Ausschlaggebendes verändert hat. Besonders interessiert hat mich dabei das Zusammenspiel der verschiedenen Faktoren, die letztendlich zu den gravierenden Zunahmen im Bereich Depressionen, Burnout und Süchten geführt haben und warum es gerade diese Störungen sind, die so rasant angestiegen sind. Daher werde ich mich zunächst mit den Veränderungen im Arbeits- und Privatleben beschäftigen, wie diese zusammen hängen, aber auch damit, wie sich das Individuum an sich verändert hat und welche Einflüsse dazu führten. Anschließend werde ich genauer die eben genannten psychischen Störungen untersuchen und erhoffe mir dadurch sowohl eine Erkenntnis über den aktuellen Zustand der Psyche und welchen Umwelteinflüssen sie ausgesetzt ist, als auch deren Wirkung.

2. Gesellschaftliche Normen

2.1 „Zeit ist Geld"-Veränderungen in der Arbeitswelt

In den letzten 20 Jahren haben sich im Bereich des Arbeitswesens einige grundlegende Dinge verändert. Zum einen wurden viele Abteilungen technisiert und damit komplett umstrukturiert. Außerdem haben sich die Arbeitsbedingungen ebenfalls gewandelt. Immer mehr Schichtarbeit, Multitasking, Zeitdruck und ständige Erreichbarkeit bestimmen in den letzten Jahren die Berufswelt. Dies wirkt sich natürlich auch auf unsere Gesundheit aus. Zwar übernehmen immer mehr Maschinen körperlich anstrengende Arbeiten und entlasten den Menschen damit. Trotzdem beeinflusst diese Veränderung auch unsere psychische Gesundheit, und das eher im Negativen.

Zunächst wird der Arbeitsschwerpunkt durch die Technologie immer interaktiver, also keine körperlichen Leistungen werden erbracht, da dies von Maschinen übernommen wird. Dafür werden aber immer mehr die Kognitionen gefordert. Dies hat zur Folge, dass der geistige Bereich belastet wird, und in Zusammenhang mit der Akzeleration, der

Beschleunigung und dem Anstieg des Schwierigkeitsgrades zugleich, einen großen Stressfaktor für diesen darstellt[3]. Dazu kommen weitere Aspekte wie die wachsende Instabilität, wie Jobunsicherheit, Zukunftsängste und die daraus resultierende Unsicherheit, wie am Beispiel des Wachstums der Zeitarbeiter und Kurzzeitverträge zu erkennen ist. Außerdem ist der Erfolg immer häufiger von eigenständigem Arbeiten abhängig (Subjektivierung), was zusätzlich den Druck auf die Einzelperson erhöht.

Aufgrund immer neuerer Informationstechnologien kann man auch eine gewisse „Entgrenzung der Arbeit"[4] beobachten. Früher leistete man in der Firma seine Arbeit und ging nach Hause, damit war die Arbeit für den Tag getan. Arbeits-und Privatleben waren klar getrennt. Heute ist man durch Smartphone, Laptops und andere Technologien ständig erreichbar, auch wird immer öfter Arbeit von zu Hause aus erledigt oder weitergeführt. Somit verschwimmt die Grenze zwischen Privatleben und der Arbeit immer mehr und wird auch immer schwerer zu trennen.

All diese Punkte wirken sich extrem belastend auf die Psyche aus und erhöhen die Gefahr, an einer psychischen Störung zu erkranken. Normalerweise ist eine geregelte Arbeit stabilisierend und stellt einen gewissen Schutz für die Psyche dar. Wird die Arbeit jedoch zunehmend und über einen langen Zeitraum hin immer mehr als Belastung empfunden (siehe Anhang Seite ___), können schnell Symptome wie ein andauerndes Müdigkeitsgefühl, Kopfschmerzen, Gefühle der Erschöpfung und weitere Beschwerden aufkommen. Durch den starken Anstieg von Schichtarbeiten, vor allem im Bereich der Nachtschichten, wird der biologische Rhythmus immer mehr ignoriert (Urbanisierung), wodurch auch Warnsignale des Körpers außeracht gelassen werden. Dazu kommt, dass immer mehr Arbeitnehmer so unter Druck stehen, dass sie bei Krankheit, aus Angst gekündigt zu werden, lieber zur Arbeit gehen, als sich zu schonen. Eine neue Studie hat ergeben, dass jeder Deutsche im Durchschnitt 11 Tage im Jahr zu Arbeit geht, obwohl er eigentlich Bettruhe halten müsste[5]. Dies zeigt zusätzlich ein dass ein körperlicher Risikofaktor hinzukommt.

2.2 Familiäre Strukturänderungen

Weitere Stressoren können sich im Bereich des Privatlebens abzeichnen. Wie in der Arbeitswelt gab es auch im Privatleben einige entscheidende Veränderungen, die

---

[3] Vgl.: Stressreport 2012
[4] Vgl.: Stressreport 2012
[5] Vgl.: http://www.abendblatt.de/wirtschaft/article113393377/Trotz-Krankheit-geht-jeder-zweite-Arbeitnehmer-zur-Arbeit.html

ebenfalls Auswirkungen auf die Psyche haben. Früher entsprach es der gesellschaftlichen Norm, zu heiraten und Kinder zu bekommen, an diese Norm wurde sich zumeist gehalten. Es gab geregelte Arbeitszeiten und eine klare Rollenverteilung innerhalb der Familie, die Frau hatte sich um den Haushalt und die Kinder zu kümmern, der Mann ging arbeiten und verdiente den Unterhalt für die Familie. Dadurch war eine klare und feste Grundlage geschaffen, die auch für den Einzelnen eine Sicherheit darstellte, auf die er sich verlassen konnte.

Heute sind Scheidung und ein Leben als Alleinstehender keine Seltenheit mehr und betreffen einen großen Teil der Bevölkerung (siehe Abbildung __). In den meisten Familien sind die Rollenbilder verwischt, oft gehen beide Elternteile arbeiten und nicht nur die Mutter ist für die Erziehung der Kinder verantwortlich. Die Arbeitszeiten sind auch am Wochenende und nicht selten wird auch von zu Hause aus in der Freizeit weitergearbeitet. Darunter leidet das Familienleben, es wird belastet durch den erhöhten Zeitaufwand für die Arbeit. Oft wird der biologische Rhythmus missachtet (Urbanisierung), es wird zu Zeiten gearbeitet, wo eigentlich geschlafen werden müsste, gegessen wird dann, wann es in den Zeitplan passt, und meist wird die Ernährung diesem Plan angepasst, indem schnelles und ungesundes Essen ohne wichtige Nährstoffe, dafür mit künstlichen Zusatzstoffen herhalten muss.

Außerdem ist die wachsende Arbeitslosigkeit ebenfalls ein Aspekt, der in der heutigen Gesellschaft ein fester Bestandteil ist. Es fehlt den Arbeitslosen oft an einer festen Aufgabe in ihrem Leben, und meist leiden unter der Situation auch das Selbstwertgefühl und das Selbstbewusstsein. Wie stark sich die Arbeitslosigkeit auf die psychische Gesundheit auswirkt, wird anhand der folgenden Statistik klar, die zeigt, dass Arbeitslose mehr als doppelt so viele jährliche Fehltage durch psychische Erkrankungen haben wie Erwerbstätige. Damit wird auch noch einmal deutlich, was für eine wichtige Rolle der Job für die Gesundheit spielt.

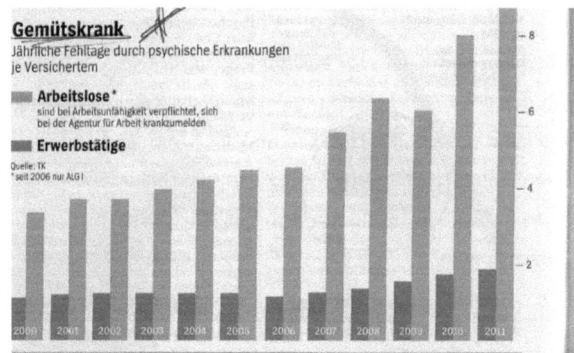

Abb. 1: Statistik zu den jährlichen Fehltagen durch psychische Erkrankungen je Versichertem (2000-2011)

2.3 Kombination von Arbeit und Privatleben

Wie schon genannt, müssen Arbeit und Privatleben oft miteinander verbunden werden, um in beiden Gebieten den Anforderungen gerecht zu werden. Dies gestaltet sich jedoch nicht unbedingt einfach. Der steigende Leistungsdruck setzt sich auch in der Freizeit fort. Durch die ständige Erreichbarkeit kann man immer weniger eine Auszeit vom Stress nehmen und steht unter einer ständigen Belastung. Indem man nur selten etwas Abstand von diesem Stress bekommt, fühlt man sich zunehmend ausgebrannt, müde und kraftlos. Viele empfinden diese Situation so, dass sie dieser Doppelbelastung nicht mehr gerecht werden können und entwickeln dadurch depressive oder negative Denkweisen.

Auch fühlen sich viele Frauen mit dem Spagat zwischen Karriere und Mutterrolle überfordert und befinden sich im Zwiespalt, das Klischee der fürsorglichen Hausfrau, die sich nur um die Kinder kümmert, erfüllen zu müssen. Bei Männern führt das Gefühl, die Familie nicht allein ernähren zu können, oft zu Komplexen, nicht Mann genug zu sein, wodurch das Selbstwertgefühl extrem sinkt. Der „Gesundheitsreport 2009" der Techniker Krankenkasse belegt, dass sich die Fehltage Berufstätiger aufgrund psychischer Krankheiten von 2006 auf 2007 um knapp 20 Prozent erhöht haben, was seit dem Beginn der Auswertungen im Jahr 2000 einen neuen Höchststand darstellt[6]. Auf Seite __ ist dazu eine Tabelle angeführt, in der die häufigsten psychischen Störungen für Fehltage zu sehen sind.

---

[6] Vgl.: TK-Gesundheitsreport 2009

Dies sind alles Faktoren, die die neue Instabilität für die Psyche darstellen und einen Teil der gegebenen Sicherheiten wegfallen lassen, die früher noch eine wichtige Komponente darstellten. All diese Umwelteinflüsse wirken sich auf unsere Denkweisen und unsere Einstellung zum Selbst aus, wie im Folgenden genauer erläutert.

3. Die neue Beziehung zum Selbst

3.1 Der kollektive Wachsamkeitsprozess

Seit einigen Jahren kann man aber auch beobachten, dass die Menschen immer aufmerksamer gegenüber ihrem Körper und dessen Signalen werden. Das Bewusstsein für den eigenen Körper hat im 21. Jahrhundert extrem zugenommen. Viele Krankheitsbilder sind neu hinzugekommen, es werden zum Beispiel extreme Gewichtsschwankungen als Leiden anerkannt und behandelt. Die anerkannten psychischen Störungen, die im DSM aufgeführt werden, haben immer weiter zugenommen. Seit der ersten Ausgabe 1952 hat sich die Anzahl der Störungen bis zur aktuellen 5. Ausgabe um 180 Prozent gesteigert (siehe Anhang S.__ „Inflation der Geisteskrankheiten"). Die neuesten Diagnosen sind, um einige anzuführen, die Arbeitsplatzphobie (starke, anhaltende Angst sich dem Arbeitsplatz zu nähern), die „skin picking"-Störung (wiederholtes Zupfen an der Haut mit den Händen, oder etwa Pinzette) oder die „bing eating"-Störung (in kurzen Zeiträumen große Mengen Nahrung zu essen)[7]. Auch international geht der Trend zu psychischen Störungen immer weiter, mehr als ein Drittel der EU-Bürger erkranken im Jahr mindestens an einer seelischen Erkrankung[8] und auch in Deutschland sind psychische Erkrankungen mittlerweile der häufigste Grund für Erwerbsminderungsrenten[9]. Immer mehr von diesen Leiden werden auch mit Psychopharmaka behandelt. Der „Arzneimittelreport 2012" beweist sogar, dass immer höhere Dosierungen verwendet werden[10]. Allein die Tagesdosen von Antidepressiva sind von 2000 bis 2011 um 296 Prozent gestiegen, wie in der folgenden Grafik sichtbar wird.

---

[7] Vgl.: „Der Spiegel" Heft 04/2013, S. 113-118
[8] Vgl.: „Der Spiegel" Heft 04/2013, S. 112
[9] Vgl.: „Der Spiegel" Heft 04/2013, S. 112
[10] Vgl.: Arzneimittelreport 2012

Abb. 2: Statistik zu den durchschnittlichen Tagesdosen von Antidepressiva je Versichertem und Jahr (2000-2011)

Vor allem durch das „Diagnostische Manual Psychischer Störungen", der „Bibel der Psychiatrie"[11], aber auch durch die allgemein steigende Aufmerksamkeit für Erkrankungen im Bereich der Psyche, beschäftigen sich immer mehr Menschen mit dieser Thematik und achten auch immer mehr auf ihren Körper. Kopfschmerzen, Müdigkeit, Bauchschmerzen und andere Symptome, die nicht nachweisbar sind, werden immer öfter von den Betroffenen selbst gedeutet. Dabei tendieren viele zur Eigendiagnose und entwickeln schon vor dem ersten Arztbesuch ein eigenes Krankheitskonzept. Auch ist zu beobachten, dass viele Menschen hypersensibel gegenüber dem eigenen Körper geworden sind, das heißt, die Neigung steigt, beispielsweise Kopfschmerzen nach einem anstrengenden Tag für eine Grippe oder ähnliches zu halten.

Dies verdeutlicht, dass die Beziehung zum Selbst in den letzten Jahren immer intensiver geworden ist und viele sich in einem anhaltenden Wachsamkeitsprozess zum eigenen Körper befinden. Auch diese neue Entwicklung stellt einen Risikofaktor dar, denn somit neigt man eher dazu, für eine Krankheit offen zu sein und vielleicht die negativen Denkstrukturen noch zu unterstützen. Verbindet man beispielsweise den Stress am Arbeitsplatz mit diesem Wachsamkeitsprozess, ist die Gefahr deutlich erhöht, für eine Depression oder das Burnout-Syndrom offen zu sein.

---

[11] Vgl.: „Der Spiegel" Heft 04/2013, S. 110

3.2 Die Autorität der Medien

Sehr starken Einfluss haben auch die Medien erlangt. In den letzten 20 Jahren ist dies ein immer wichtigerer Teil der Gesellschaft geworden und er hat dementsprechend viel Einfluss auf unser Leben. Zum einen haben sie einen entscheidenden Anteil an unserer Freizeit; Facebook, Twitter und andere soziale Netzwerke haben vor allem auf Jugendliche eine extrem starke Wirkung und haben einige Veränderungen bewirkt. Kommuniziert wird meist per SMS oder Facebook, auch Unterhaltungen finden immer öfter auf diesen Plattformen statt. Wobei die hohe Anonymität einen enormen Risikofaktor und einen neuen Raum für Mobbing darstellt sowie einen hohen Einfluss auf Selbstbewusstsein und Denkweisen hat. Aber vor allem das Fernsehen wirkt sich auf das Leben von uns aus. Reportagen, Nachrichten und andere Sendungen ermöglichen jedem den Einblick in die Psychologie. Sie reden den Leuten ein, welche Symptome sie für eine psychische Störung erfüllen müssen, sodass der Laie sich vielleicht bestätigt fühlt oder der Meinung ist, eine Eigendiagnose stellen zu können. Das Zusammenwirken von den vorangegangenen Faktoren aus Kapitel 2 und 3 hätte ich gerne noch anhand eines Fallbeispiels veranschaulicht, dies hätte jedoch den Rahmen meiner Facharbeit gesprengt. Im Folgenden werde ich daher nur deren Auswirkungen näher erläutern.

4. Folgen

All diese Faktoren tragen dazu bei, dass die Anzahl der psychisch Erkrankten stetig steigt. Neue Stressoren haben sich ausgebildet, alte Sicherheiten und stabilisierende Strukturen sind zusammengebrochen. Dadurch ist vor allem im Bereich der Depressionen und somatoformen Störungen ein Anstieg zu verzeichnen, aber auch Neuzeiterkrankungen wie das Burnout-Syndrom sind hinzugekommen. Immer mehr Menschen haben auch mit Süchten zu kämpfen, insbesondere mit Alkoholismus und Medikamentenmissbrauch, welche oft andere psychische Störungen wie Depressionen zur Folge haben. Auch im Bereich der Selbstmorde ist in vielen Fällen eine psychische Störung ein entscheidender Faktor.

4.1 Psychosomatische Symptome

Folgen dieser Veränderungen machen sich vor allem auf psychischer Ebene bemerkbar. Aus dem steigenden und andauernden Stress resultieren Reaktionen wie chronische Erschöpfung, Müdigkeit und Lustlosigkeit. Für psychosomatische Symptome lassen sich keine körperlichen Ursachen finden. Die Ursache liegt also in der Psyche und äußert sich in körperlichen Symptomen. Der Körper dient hierbei als „Ausdrucksmittel" für die Psyche. In körperlichen Symptomen äußern sich Gefühle, die uns belasten, wie Stress, Druck oder Unwohlsein. Dadurch stauen sich Gefühle wie Zorn, Ärger oder Trauer an, die unterdrückt oder nicht ausgelebt werden, weil sie von der Gesellschaft als Tabuthema angesehen werden. Meist erkennen die Betroffenen aber nur die körperlichen Symptome und ziehen nicht in Betracht, dass diese aufgrund psychischer Probleme auftreten können. Denn noch immer sträubt sich die Gesellschaft, mit psychischen Erkrankungen offen umzugehen, und so hält sich auch der Betroffene an die gesellschaftliche Norm und sucht die Ursache nicht in sich, sondern nur an der Oberfläche, dem Körper. Denn wie im Freud´schen Schichtenmodell angeführt, gibt es einen Großteil unserer Psyche, der für uns nicht ohne weiteres zugänglich ist und ins Unbewusste verdrängt wird. Somit bleibt die Ursache oft ungeklärt, beispielsweise äußert sich der Stress in Form von extremem Herzrasen, sodass der Betroffene sogar zur Überwachung ins Krankenhaus muss. Dies wiederholt sich in der Regel einige Male. Oftmals geht dies über mehrere Jahre, bis eine psychische Ursache in Betracht gezogen wird. Dem zugrunde liegt oft, dass sich eine psychische Erkrankung für den Betroffenen unbewusst abspielt und nicht direkt wahrgenommen wird, wie das Schichtenmodell Freuds belegt. Vergleichsweise haben rund 85 Prozent der Rückenschmerzen keine spezifische Ursache[12]. Psychosomatische Symptome äußern sich im ganzen Körper, von Haarausfall, Gelenkschmerzen und Migräne bis hin zu äußerlich sichtbaren Auswirkungen wie Augenringen und einer blassen Gesichtsfarbe.

4.2 Somatisierung

Als Somatisierung bezeichnet man den Ausdruck von psychisch bedingten Symptomen, die sich körperlich äußern. Die bekanntesten Beschwerden sind beispielsweise die Hypochondrie, die Überzeugung, an einer Krankheit zu leiden[13], Schmerzsyndrome, Schlafstörungen, nervöse Herz- und Magenstörungen, aber auch körperliches Unwohlsein, Müdigkeit oder Zerschlagenheit[14]. An diesen Symptomen leiden ca. 25 Prozent der Erwachsenen einmal oder dauerhaft[15].

---

[12] Vgl. : http://www.focus.de/gesundheit/ratgeber/ruecken/symptome/tid-15400/psychosomatik-wenn-die-seele-den-ruecken-quaelt_aid_432388.html
[13] Vgl.: www.wikipedia.de
[14] Vgl.: Edward Shorter, „Moderne Leiden", S.494
[15] Vgl.: http://www.hilfreiche-medizin.de/krankheitsbilder/psychostoerungen/index.php

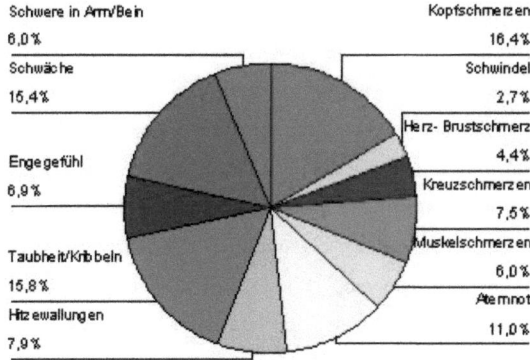

Subskala Somatisierung

Schwere in Arm/Bein 6,0%

Schwäche 15,4%

Engegefühl 6,9%

Taubheit/Kribbeln 15,8%

Hitzewallungen 7,9%

Kopfschmerzen 16,4%

Schwindel 2,7%

Herz- Brustschmerz 4,4%

Kreuzschmerzen 7,5%

Muskelschmerzen 6,0%

Atemnot 11,0%

Abb. 3: Diagramm zur Somatisierung (häufigste Symptome)

Vor allem im Bereich der psychisch bedingten Symptome ist ein Anstieg zu verzeichnen, wie zum Beispiel bei Angstzuständen und depressiver Verstimmung. Personen, die zur Somatisierung neigen, leiden oft unter einer Störung der Emotionalität und können daher ihre Gefühle meist nur in körperlichen Missempfindungen ausdrücken[16]. In Folge dessen steigt auch die erhöhte Wahrnehmung gegenüber körperlichen Reizen. Soziale Krankheitsfaktoren, die Auslöser für diese Symptome sein können, sind berufliche und familiäre Belastungen, wie die Aspekte, die bereits in Kapitel 2 genannt wurden.

4.3 Selbstüberforderung – Ergebnis: Burnout, Depressionen, Suizid und Süchte

Letztendlich finden die Betroffenen sich meist in einer psychischen Störung wieder, in der sich die Überlastung der Psyche zeigt. Dabei sind die häufigsten Erkrankungen der letzten Jahre Depressionen, Suizid und Süchte, welche vor allem durch die zu Beginn genannten neuen Veränderungen entstehen und unterstützt werden. Aus diesen neuen Stressoren resultiert auch die Neuzeiterkrankung Burnout, die so neu ist, dass sie noch nicht einmal im aktuellen DSM steht, trotzdem aber oft diagnostiziert wird.

Die ursprüngliche Definition vom Psychoanalytiker Herbert Freudenberger (1974) beschreibt Burnout als eine Form des Helfersyndroms, bei dem die Betroffenen unter

---

[16] http://www.hilfreiche-medizin.de/krankheitsbilder/psychostoerungen/index.php

„…starke[r] emotionale[r] Erschöpfung mit reduzierter Leistungsfähigkeit…"[17] leiden. Heute wird es als starke emotionale Erschöpfung bezeichnet und nicht mehr mit dem Helfersyndrom verbunden, eine klare Definition existiert offiziell jedoch nicht. Da Burnout noch immer nicht im DSM oder ICD10 steht, kann es nicht als eigenständige Diagnose gestellt werden, das aber wohl vor allem, weil Umweltfaktoren, wie der Arbeitsplatz, noch immer nicht als gewichtig eingeschätzt werden und bei den Diagnosen nach dem DSM nicht, oder kaum, berücksichtigt werden. Auch das Vorurteil, es würde sich hierbei um eine „Managerkrankheit" handeln, ist widerlegt. Wie bewiesen wurde, zeigt sich das Burnout-Syndrom mittlerweile in allen sozialen und beruflichen Schichten. Dauerstress und andere starke Belastungen finden sich gegenwärtig in fast allen Lebensbereichen wieder und können daher bei jedem auftauchen und zu psychischen Problemen führen. Burnout entsteht meist langsam in einem schleichenden Prozess. Wie in der folgenden Abbildung zu erkennen, beginnt der Kreislauf zunächst harmlos, indem man die eigenen Bedürfnisse und Gefühle immer mehr zurückstellt und verdrängt. Dies ruft eine extreme und ständige Belastung hervor und führt letztendlich zu einer tiefliegenden körperlichen und seelischen Erschöpfung. Daher geht dies auch oft mit einer Depression einher oder depressiven Zügen.

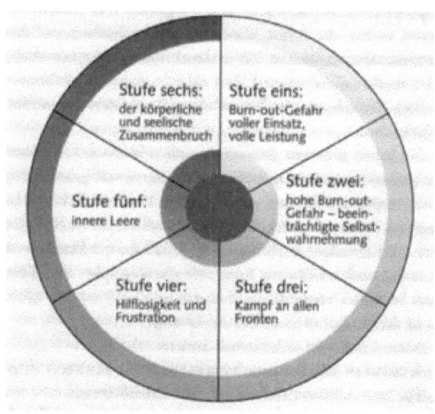

Abb. 4: Schaubild zu den sechs Stufen des Burnouts (Entwicklung von Burnout)

Die Depression ist eine der häufigsten psychischen Störungen im Erwachsenenalter, mindestens 15 Prozent erkranken einmal in ihrem Leben an einer Depression (15 Prozent der Männer, 24 Prozent der Frauen)[18]. Sie zählt zu den affektiven Störungen

---

[17] http://social-media-abc.de/index.php?title=Social_media_burnout
[18] Bundespsychotherapeutenkammer

12

und äußert sich sowohl in psychischen Symptomen wie Gefühlseinengung (anhaltende innere Leere) als auch in körperlichen Vitalstörungen (Schlafstörungen, Gewichtsabnahme). Diese sind andauernd, nicht zu beeinflussen und beeinträchtigen das alltägliche Leben. Da die Depression in verschiedene Schweregrade unterteilt ist und es auch bereits sehr leichte Formen gibt, die meist nicht erkannt werden, kann man aber auch von einer hohen Dunkelziffer ausgehen. Für eine Depression gibt es meist nicht nur eine Ursache, die Ursachen können sowohl im biologischen Bereich liegen (depressionsauslösende Medikamente, Urbanisierung) als auch im psychischen Bereich (bestimmte Denkstrukturen). Es ist aber auch möglich, dass Umweltbedingungen (wie Stress am Arbeitsplatz) die Ursache sind. Oder die Depression ist eine Folge, beispielsweise einer schweren Erkrankung (nach Krebsdiagnose). All diese Faktoren wirken zusammen in ihrer Summe und lösen die Depression letztendlich aus. Diese äußert sich sehr individuell. Eines der wesentlichen Symptom ist das Depressive Erleben (wie vom Namen Depression abzuleiten; lateinisch: deprimere=niederdrücken), mit Gedanken wie „Ich kann nichts, ich bin nichts" oder „Wofür lebe ich überhaupt noch? Warum bringe ich mich nicht einfach um?". Rund 10-15 Prozent der Betroffenen fühlen sich dadurch so sehr belastet, dass sie einen Suizid-Versuch begehen (siehe Fußballspieler Robert Enke oder Superstar Marylin Monroe).

Auch im Bereich der Suizid-Versuche ist ein Anstieg zu beobachten. Meist erscheint die aktuelle Lebenssituation ausweglos und die Betroffenen sehen keinen Sinn mehr in ihrem Leben. Der Tod wird als letzter Ausweg gesehen und stellt eine Befreiung vom unerträglichen Leiden dar. Wie das Beispiel der Foxconn-Betriebe in China zeigt, haben auch in diesem Fall viele Arbeiter den Suizid als einzige Alternative gesehen, in weniger als einem Jahr versuchten sich mehr als 20 Arbeiter aufgrund unmenschlicher Arbeitsbedingungen das Leben zu nehmen[19]. Nicht selten soll aber auch ein Suizid-Versuch nur auf die eigene Hilflosigkeit aufmerksam machen und dient als Hilfeschrei, wie eventuell bei den Foxconn-Mitarbeitern auf diese unmenschlichen Arbeitszeiten von mehr als 12 Stunden pro Tag[20]. Als Ursache für Suizide sind meist sehr individuelle Gründe verantwortlich, allerdings wird geschätzt, dass rund 90 Prozent der Selbstmorde und Selbstmordversuche aufgrund von psychischen Störungen begangen wird[21]. Hierbei ist der Suizid also als Symptom zu werten und dient dem Ausdruck der psychischen

---

[19] Vgl.: http://www.news.de/gesellschaft/855058337/mitarbeiter-springen-vom-foxconn-dach/1/

[20] Vgl.: http://www.news.de/gesellschaft/855058337/mitarbeiter-springen-vom-foxconn-dach/1/

[21] Vgl.: http://de.wikipedia.org/wiki/Suizid

Erkrankungen. Ein Suizid kann sowohl aktiv als auch passiv erfolgen. Als aktiven Suizid bezeichnet man beispielsweise Erhängen (50 Prozent der Suizide), als passiven das Verweigern lebensnotwendiger Maßnahmen.

Ein weiterer Anstieg ist bei den Süchten zu verzeichnen, insbesondere beim Alkoholismus und dem Medikamentenmissbrauch, also besonders ein Anstieg im Bereich der substanzabhängigen Süchte. Dies ist besonders gefährlich, da zu Beginn erst ein sozialer Abstieg erfolgt, dann jedoch immer stärker Einfluss auf das Leben nehmen und auch körperliche Schäden mit sich bringen. Oft führen Süchte auch zu weiteren psychischen Störungen wie Depressionen. Gerade im Bereich der Medikamente sind extreme Nebenwirkungen zu beachten, da sie die Psyche verändern und depressionsauslösend sein können. „Neuroleptika" beispielsweise, die bei Schizophrenie verschrieben werden, wirken depressionsauslösend, dies zeigt, dass auch eine psychische Erkrankung schnell zu weiteren Störungen führen kann. Sowohl beim Alkoholismus als auch beim Medikamentenmissbrauch kommt es oft zum Abhängigkeits- und Entzugssyndrom. Als Ursache für diese Krankheiten sind auch hier mehrere Faktoren verantwortlich. Meist haben die Betroffenen keine klaren Strukturen im Leben und keine Stabilität in ihrem sozialen Umfeld, ihnen fehlt oft Unterstützung und Zustimmung, sodass sie ihren Halt beispielsweise im Alkohol suchen und das Suchtmittel als einzige Konstante in ihrem Leben sehen.

Bei den hier genannten psychischen Erkrankungen wäre die kognitive Verhaltenstherapie eine geeignete Behandlungsform. Hierbei steht die Arbeit auf kognitiver Ebene im Mittelpunkt wie die Veränderung von Einstellungen und Gedanken. Dadurch lernt der Betroffene, dass die Kognitionen einen entscheidenden Einfluss auf ihn haben.

5. Zusammenfassung und Ausblick

Zusammenfassend haben meine Recherchen ergeben, dass der aktuelle Zustand der Psyche enorm gefährdet ist. Wie meine Umfrage

6. Literaturverzeichnis

Bücher/Monographien:

Gernot Böhme, Kritik an der Leistungsgesellschaft, Edition Sirius, Bielefeld und Basel, 2010; Seite 53-84

Sabine Fabach, Burn-out-Wenn Frauen über ihre Grenzen gehen, Orell-Füssli, 2007

Erich Fromm, Der moderne Mensch und seine Zukunft, Europäische Verlagsanstalt, 8. Auflage, Köln, 1977; Seite 109-116

Karl-Heinz Hochwald, Neue Medien-Auswirkungen in Familie und Erziehung, Comenius Institut, Münster, 1983; Seite 51-64

Vera King, Benigna Gerisch, Zeitgewinn und Selbstverlust-Folgen und Grenzen der Beschleunigung, Campus Verlag, Frankfurt/New York, 2009

Andreas Kruse, Hans Thomae, Menschliche Entwicklung im historischen Wandel-Empirisch-psychologische Beiträge zur Zeitgeschichte, Roland Asanger Verlag, Heidelberg, 1992

Dr. Manfred Nelting, Burnout-Wenn die Maske zerbricht-Wie man Überlastung erkennt und neue Wege geht, Wilhelm Goldmann Verlag, München, 1996

Günter Niklewski, Depressionen überwinden-Niemals aufgeben!, 5. Auflage, Stiftung Warentest, Berlin, 2010

Bernd Rüthers, Walter-Raymond-Stiftung Kleine Reihe Heft 66, Die Arbeitsgesellschaft im Umbruch-Krise auf Zeit oder Zerfall eines Leitbildes?, Wirtschaftsverlag Bachem, Köln, 2000; Seite 9

Edward Shorter, Moderne Leiden-Zur Geschichte der psychosomatischen Krankheiten, Rowohlt Verlag GmbH, Reinbek, 1994; Seite 491-537

Zeitungs- und Zeitschriftenartikel:

Jörg Blech, Wahnsinn wird normal, in: Der Spiegel 4/2013, S.111-119

Nikolas Westerhoff, Nehmen psychische Störungen zu?, in: Psychologie Heute 6/2009, S.8-9

Datenbankartikel:

„BKK-Faktenspiegel Seelische Gesundheit", Juni 2012.
http://www.bkk.de/fileadmin/user_upload/PDF/Faktenspiegel/Aktuelle_Ausgaben/2012
-07-04_BV_SON_FS5_Seelische_Gesundheit.pdf

Online-Zeitungsartikel:

„Lebenskrise-Heute leiden mehr Menschen an der Krankheit als früher", Focus Online,
(15.01.2013).
http://www.focus.de/gesundheit/ratgeber/depression/tid-16209/lebenskrise-heute-
leiden-mehr-menschen-an-der-krankheit-als-frueher_aid_453943.html

„Psychische Erkrankungen-Betriebskrankenkassen belegen Zunahme", 03. September
2012, Haufe (20. Januar 2013).
http://www.haufe.de/arbeitsschutz/gesundheit-umwelt/psychische-erkrankungen-
steigen-weiter-an_94_132338.html

„Selbstmordserie-Mitarbeiter springen vom Foxconn-Dach", 25. Mai 2010, news.de
(16. Februar 2013).
http://www.news.de/gesellschaft/855058337/mitarbeiter-springen-vom-foxconn-dach/1/

Offizielle Homepages:

http://www.aok.de/nordost/leistungen-service/centrum-fuer-gesundheit-institut-fuer-
psychogene-erkrankungen-183260.php#184130

„Nervensystem und Psyche", Bundesministerium für Bildung und Forschung (15.
Januar 2013),
http://www.bmbf.de/de/1164.php

„TK-Gesundheitsreport 2009-Psychische Erkrankungen erreichen neuen Höchststand",
02. Juli 2009, Bundespsychotherapeutenkammer (20. Februar 2013).
http://www.bptk.de/aktuell/einzelseite/artikel/tk-gesundhei.html

„Psychische Krankheiten", Bundespsychotherapeutenkammer (20. Februar 2013).
http://www.bptk.de/presse/zahlen-fakten.html

„Seele aus der Balance. Erforschung psychischer Störungen", Bundesministerium für
Bildung und Forschung, Berlin 2011.
http://www.bmbf.de/pub/seele_aus_der_balance.pdf

„Die Erforschung der menschlichen Sinne", ab Seite 76, Bundesministerium für
Bildung und Forschung, Berlin 2006.
http://www.bmbf.de/pubRD/die_erforschung_menschlicher_sinne.pdf

„Nehmen psychische Störungen zu?", Frank Jacobi, Report Psychologie, Dresden,
Januar 2009 (15. Februar 2013).

http://psylux.psych.tu-dresden.de/i2/klinische/mitarbeiter/publikationen/jacobi-p/jacobi-reportpsychologie-2009.pdf

„Psychische Erkrankungen im Vormarsch.", Petra Rixgens, Bertelsmann Stiftung (25. Januar 2013).
http://www.bertelsmann-stiftung.de/cps/rde/xbcr/SID-73496442-34EDB6B6/bst/psychsicheErkrankungenImVormarsch.pdf

„Psychosomatische Störungen", hilfreiche Medizin.
http://www.hilfreiche-medizin.de/krankheitsbilder/psychostoerungen/index.php

„Stressreport Deutschland 2012-Psychische Anforderungen, Ressourcen und Befinden", A. Lohmann-Haislah, Bundesanstalt für Arbeitsschutz und Arbeitsmedizin, Dortmund/Berlin/Dresden 2012 (17. Februar 2013).
http://www.baua.de/de/Publikationen/Fachbeitraege/Gd68.pdf?__blob=publicationFile&v=4

Videoquellen:

„RTL 2 News", 18.02.2013 (20:00 Uhr)

Audioquellen:

Lisa Laurenz, „Was kann Psychologie heute? Psychologie: ein Schlüssel zum guten Leben?" aus Psychologie Heute Folge 25, Heft 6, 2009

Abbildungsverzeichnis

Abbildung 1, Seite 5: „Gemütskrank-Jährliche Fehltage durch psychische Erkrankungen je Versichertem", 2000-2011, „Der Spiegel" Heft 04/21.01.2013, S. 114, Quelle: Techniker Krankenkasse

Abbildung2, Seite 7: „Boomender Markt-Durchschnittliche Tagesdosen von Antidepressiva je Versichertem und Jahr", 2000-2011, „Der Spiegel" Heft 04/21.01.2013, S. 117, Quelle: Techniker Krankenkasse

Abbildung 3, Seite 10: „Subskala Somatisierung": home.arcor.de vom 15.01.2013

Abbildung 4, Seite 11. „Die sechs Stufen des Burnouts": Burn-out-Wenn Frauen über ihre Grenzen gehen